Merci de m'avoir fait mal

Merci de m'avoir fait mal

Dixie Ettedgui

À tous ceux ne sachant pas apprivoiser le mal être

11 septembre 2018

J'entends le bruit des étoiles résonnant dans l'univers,
J'entends le chuchotement de l'univers regorgeant de secrets.

16 septembre 2018

6 mots abrégés,
5 mouchoirs usagés,
4 armes forgées,
3 excuses négligées,
2 coeurs ravagés,
1 esprit dirigé,
0.

17 septembre 2018

Laisse moi te prendre la main,
Te prévenir que je ne suis pas facile à comprendre,
puisque même moi je ne me comprends pas toujours.

Pas si facile à vivre lorsque l'on sait qu'un silence,
une simple voiture qui passe,
un courant d'air à travers une fenêtre ouverte,
une feuille qui tombe,
un lampadaire allumé au milieu de rien,

lorsque l'on sait qu'il ne suffit d'un rien,
pour me faire ressentir cette légère et douce lueur de mélancolie.

11 octobre 2018

Trouve le positif dans la solitude,
imagine la comme une mâtinée au bord de la mer;
à entendre les vagues te réveiller doucement,
le sable glissant entre tes doigts,

ferme les yeux,
imagine.

Imagine la comme un moment de paix,
à pouvoir te retrouver toi-même,
quiconque pour t'ennuyer.

Saisie la comme une opportunité,
celle de pouvoir prendre soin de toi,
de penser ce qui te semble bon à penser.

Rends la solitude en quelque chose d'un peu plus merveilleux,
compare le bruit des vagues à ceux te disant je t'aime,
et le sable glissant entre tes doigts à ceux te prenant dans leurs
bras.

Tout ira bien, main dans ta main

15 octobre 2018

C'est l'histoire d'un reflet,

Ce reflet qui montre de lui une panoplie de couleurs à la surface du vide,
se retenant de ne pas couler.
Ce reflet qui, paraît si sombre de l'autre côté de cet équateur aquatique,
qui se cache grâce à l'ombre.

Oui,

Ce reflet, qui n'a pas la force de refléter la peinture de ce qu'il montre.
Est-ce à nous de peindre le reflet des âmes un peu perdu ?
Elles sont si belles vues de haut, à la surface de l'eau.

6 novembre 2018

Tu méritais une fille qui aurait su défaire tes noeuds.
Pas ce genre de fille que je suis,
qui entremêle tout,
laissant trainer derrière elle cette pelote chagrineuse.
Cette pelote qui fût si souvent attrapée par des bêtes à griffes
voulant jouer, l'attaquer et parfois même la tuer.

Mais tu sais, cette pelote, avec ses longs mètres de vie,
à présent elle est à toi.
mes problèmes sont désormais les tiens.
et si tu décides de m'aimer, il faudra la chérir tant qu'il faudra.

Je prends le risque de vivre ce jour où je ne la sentirai plus si légère,
où elle retombera d'un poids qui me fera reculer de dix pas
lorsque je penserai en avoir fait deux.

Je prends le risque de par mon égoïsme,
que ma pelote devienne cette encre,
me laissant couler,
lorsque tu ne seras plus là pour me rattraper.

20 novembre 2018

Tous ces bancs, qui en savent plus que moi,
Ces murs qui entendent tout, et qui ne répètent rien.
Ces fenêtres qui ont vu tout ce que j'aurais aimé voir.

13 décembre 2018

N'hésite jamais
À t'exprimer
À crier
Les sentiments enfouis
Dans ton coeur en fouillis
Car les sentiments domineront toujours
La façon dont tu es en plein jour
Alors
Ne te demande à aucun moment
Si c'est le bon moment
Car chaque instant
Sont importants
Pour se délivrer
Et faire preuve d'honnêteté.

29 décembre 2018

Et si on *s'envolait* amoureux ?

5 janvier 2019

J'aurais aimé être un *oiseau,*
l'un de ces oiseaux solitaires,
Un oiseau qui vole haut,
L'un de ceux qui changent de terre.

20 janvier 2019
Un souhait, c'est beaucoup de choses.
C'est l'espoir, le désir et les rêveries.
C'est l'impossibilité, l'improbabilité mais aussi la présence de magie.
C'est de la poussière d'étoiles, des spectres de lumière dans le ciel,
puis de l'eau de puits.
Et parfois c'est le désespoir.
Uniquement un trou dans votre coeur qui veut se remplir.

23 janvier 2019

Je me baigne dans ce flot de mots,
Me soigne de cette mélodie des maux.

27 janvier 2019

J'ai rencontré le vent,
Il m'a frôlé
Avec douceur
M'a chuchoté queues-uns de ses secrets
Fredonné une chanson légère
Un murmure éphémère.

10 février 2019

Un sourire,
Deux sourires,
Nos sourires.
Nous étions alors nos propres reflets,
Car inconsciemment,
L'un faisait,
Puis l'autre suivait.

20 mars 2019

Dans la glace,
Mon reflet s'efface.

Je surprends mon esprit qui s'enfuit,
Et mon âme qui se lasse.

8 avril 2019

De la buée
Au bord de ta rétine
Une larme cristalline
Le long de tes cils
Comme un diamant précieux
Au coin de tes yeux.

11 avril 2019

Ma plume s'adoucit,
Lorsqu'elle se met à danser pour toi.

Déposée sur chaque ligne de ton corps,
Elle n'oubliera jamais ton sourire,
Ni d'écrire pour toi.

17 avril 2019

C'est l'histoire d'une fille,
Qui préférait la nuit.
Revivre au levé des étoiles,
Pour créer de nouvelles toiles.

Alors que tout le monde se couchait,
Elle se réveillait.
Elle craignait ceux qui l'entouraient,
Ne prenait plus le risque d'être brûlée.

Elle vivait à contre-courant,
Ses peines se mêlant.
Et lorsque réapparaissait le jour,
Elle fermait tout à double tour :

Le coffret de ses peurs,
Celui de ses pleurs,
Et de son coeur.

18 avril 2019

Puis parfois,
On s'égare dans nos pensées,
On s'égare et on se perd,
On se perd et on oublie,
On oublie qu'au fond tout va bien,
Puis on finit par se renfermer dans *des peines inexistantes*.

21 avril 2019

Règle numéro 1 :
Toujours être munie de son parachute émotionnel au cas où il vous ferait tomber de l'avion.

28 avril 2019

Nos baisers sont une mélodie de *poésie murmurée*.

29 avril 2019

Tu es pour moi celui qui peint le ciel,
Celui qui y dépose chaque étoile.
Fait jaillir les vagues,
Amène la pluie,
Et les faisceaux de lumière entre les nuages.
Celui qui me caresse à chaque fois que le vent ricoche sur ma flore cutanée,
Lorsque tu ressens le besoin de me protéger.
Tu es partout,
Partout où je ne suis pas.
Mais je te sens tout près de moi,
Lorsque chaque élément de cette terre se lie à mes sentiments.

11 mai 2019

Tu es l'inverse des pâquerettes,
Tu te lèves la nuit,
Te renfermes le jour,
Fais pâlir tes pommettes.

14 mai 2019

J'ai besoin de toi pour arroser mon coeur,
y faire refleurir certaines fleurs.

19 mai 2019

J'aimais me promener dans ton jardin,
Errer parmi tout ce jasmin,
Où je finissais par planer.
Arroser toutes ces fleurs,
Pour que ton coeur ne puisse faner.
Je suis tombée dans ce puits caché entre deux arbres,
Tombée dans le néant,
Dans ce trou sans une once de sentiments.
J'aurais tant aimé le protéger,
Retirer chaque mauvaise herbe,
Chaque personne nuisant à ton bonheur.
Être la gardienne de ce si beau jardin,
De ce si joli coeur,
Qui quand tu souris,
Fais naître de nouvelles fleurs.

20 mai 2019

Tu joues à cache cache dans mon coeur.

23 mai 2019

Un milliard de regards,
Pourtant le tien reste le plus beau des hasards.

7 juin 2019

Trop de brouhaha dans mon coeur,
Trop d'illusions en palpitation,
Trop de mal et de rancoeurs,
Le sentir vide et un peu trop rempli à la fois.
Alors je l'ai déposé dans tes bras et t'ai laissé le choix.
Le choix entre une aiguille et ton amour en guise de soie.

13 juin 2019

Je ne voulais pas te voir partir,
Alors c'est moi qui suis partie.
À présent *je ris de ma mélancolie*.

19 juin 2019

Lorsque mes pensées te frôlent,
C'est tout un univers garni d'étoiles qui résonne en moi.
Et si tu as du mal à écouter attentivement,
Viens y déposer ton visage délicatement contre mon coeur,
Alors tu pourras entendre,
Combien mon coeur bat pour toi.

20 juillet 2019

Tu es la preuve que parfois la réalité peut être plus belle que les rêves.
Tu ridiculises le monde imaginaire.

7 août 2019

C'est chaque soir la même danse,
Entre 2 gouttes m'effleurant,
Chaque soir la même pluie,
Toujours coulant dans ce puits,
Car depuis que je suis partie,
Chaque soir arrive la même nuit.

11 août 2019

J'ai grandi à l'intérieur d'une larme.
À travers sa vitre scintillante,
Je t'ai aperçu,
Et tout devint si éclatant de lumière que le verre se brisa.
Tu m'as libéré de cette bulle dans laquelle je m'étais renfermée.
Libérée de ma propre oppression.
Tu m'as mis à l'abri dans ton monde,
Celui dans lequel je réapprends à vivre à présent,
Dans l'apaisement.

7 septembre 2019

-Où te caches tu ?
-Derrière la lumière.

10 septembre 2019

Je veux qu'il apprécie mes silences, autant que mes monologues.
Je veux qu'il me touche, de la même manière dont le soleil
caresse les vagues,
Qu'il me regarde, *comme si une étoile tombait du ciel.*

24 septembre 2019

Ne crie pas contre le monde,
Lorsque tu es juste toi,
Contre toi-même.

28 septembre 2019

Tu es mon *énigme préférée,*
La seule qui ne me lasse jamais.

4 octobre 2019

S'il te plaît, reviens foutre le bordel chez moi.
Reviens défaire mes draps,
Oublier la douche inonder le sol,
Laisser ton café pas fini sur la table de nuit,
et ta clope cramée sur la gazinière.
Reviens avec ton désordre qui arrive pourtant à si bien m'apaiser.

23 octobre 2019

Avant d'embrasser cette personne pour la première fois, attends.
Prends une seconde pour la regarder.
Retenir ce dernier regard qui dit « je n'attendais que ça ».
Apprécier la dernière seconde, d'un territoire inexploré.
N'est-ce pas si spécial ?
Un moment si unique ?
Ce premier baiser.

29 octobre 2019

À chaque voiture qui passe,
Chaque claquement de porte,
Mon coeur bondit,
Dans l'espoir que ce soit toi,
Qui soit enfin tout prêt de moi.
Alors je laisse ma porte ouverte chaque nuit,
Au cas où tu voudrais venir te glisser dans mon lit.

2 novembre 2019

Il y a des jours où ma pelote est en feu et d'autres où je peine à l'essorer.
Il y a des jours où ma pelote est plus emmêlée que mes propres pensées.
Tout tremble, tout s'effondre, la structure de mon être se détériore petit à petit.
Mon coeur tombera dans les décombres de mon esprit et mon âme se dissipera dans la poussière.
Je sombrerai dans l'oubli,
Désormais pour me sentir vivante, *je fais tout pour frôler la mort.*

6 décembre 2019

L'intimité, ce n'est pas celui que tu laisses toucher ton corps, ta peau, tes cheveux, ou bien ton sourire du bout des doigts.
L'intimité, c'est celui qui te touche avec son cœur, avec son regard, avec le son de sa voix, c'est celui qui arrive à te faire frissonner sans contact physique.
C'est également quelques moments, lorsqu'il te raconte à 3h tous ses rêves ou toutes ses peurs.
L'intimité est la personne qui reste encrée toujours dans ton esprit, peu importe à quel point tu es distrait.
Et je trouve ça beau.
Je trouve ça beau que l'on puisse toucher quelqu'un, sans lui toucher sa peau. J'aime bien cette vision où l'intimité du cœur, est une confiance en soi à accepter, encore plus que celle de son corps.
Car bien souvent, lorsque l'on parle de son corps, les mêmes mots reviennent, car tout le monde à dans sa tête un idéal physique de soi.
Alors que parler de son cœur, c'est sans préjugés, c'est toi dans ton entièreté, c'est ce qui fait qu'on t'aimera vraiment pour ce que tu es.
Et tu verras qu'en te faisant confiance, en acceptant ton âme telle qu'elle est, qu'elle soit pure, ou un peu brute, cela se reflètera sur ton visage, et t'embellira.

7 décembre 2019

Et dis-moi, tu me laisserais être ton intimité ?
Tu me laisserais prendre soin de toi ?
Tu serais prêt à lâcher prise,
Lâcher tes démons,
Et tout ce noir que tu broies pour uniquement plonger ton âme dans mes pupilles ?
Prêt à me faire confiance ?

Malgré mes maladresses,
Tu serais d'accord pour me laisser t'aimer ?

8 décembre 2019

Je suis ce genre de fille qui fait trop de bruit quand il ne faut pas,
ce genre de personne qui se cogne toujours au mauvais endroit
au mauvais moment.
Quand me sentirais-je enfin à ma place ?

9 décembre 2019

Me regardes-tu toujours ?
Si oui,
Arrives-tu à lire dans mon regard ?
Si oui,
Que lis tu ?

18 décembre 2019

Je n'en ai plus envie.
Plus envie de tous ces « je t'aime » robotisés que l'on dit tous les jours à la même heure.
Plus envie de ces « je t'aime » qui attendent un « je t'aime aussi » en retour.
Plus envie d'utiliser des mots si forts d'une façon si légère.

28 décembre 2019

Je m'en rappelle encore,
De tous ces souvenirs.
Il suffit d'un repas,
D'une discussion,
Pour que tout se ressasse.
Je comprends mieux à présent,
Pourquoi dit-on du passé,
Qu'il influe notre personne d'aujourd'hui.
Alors donc ?
Faut-il oublier pour changer,
Ou changer pour oublier ?

31 décembre 2019

Un nouvel an seule, seule avec toi dans ma mémoire.
Je me revisionne ce moment perdu dans l'univers,
Le soir où tu nous as allumé deux clopes,
ouvert la fenêtre, face à la pluie, uniquement nos visages éclairés par la lune, et que tu as fait retentir la musique « boulevard » à je ne sais combien de décibels que le sol en vibrait autant que mon coeur.
Alors je t'ai regardé,
pendant que toi tu préférais plonger tes yeux dans le vide.
Je t'ai laissé seul dans tes pensées, je ne t'ai rien demandé.
Je respectais ton silence tandis que je mourrais d'envie que tu me partages tes secrets.
J'ai ressenti quelque chose que je connaissais pas.
Un nouveau sentiment s'éveillait en moi.

Merci de m'avoir fait mal
La banalité de ce moment le rendait incroyable.

13 février 2020

Et derrière cet appareil photo,
je me demandais métaphoriquement ce que tu y voyais,
Ce que tu pouvais ressentir.
Je me demandais si à travers ces rafales, ton amour rebondissait ?
À travers l'objectif, je cherchais ton regard *et une once d'admiration.*

23 février 2020

Demander bienveillance et gentillesse..
Serait-ce de trop ?
Est-ce un caprice de vouloir être aimée correctement ?

27 mars 2020

Cela me fait doucement rire lorsque tu me confies que mon sourire te manque, lorsqu'en réalité *l'absence de ton amour en est la cause*.

10 avril 2020

Il y a des regards qui ne trompent pas,
Des sourires qu'on n'oublie pas.
Il y a des mots qu'on retiendra,
Et des actes que l'on ne pardonnera pas.

20 avril 2020

On dit souvent de moi que je suis sensible, trop sensible. Trop fleur bleue, trop fragile, trop. Toujours trop. Trop dans l'excès, à dramatiser, à me questionner, à angoisser. Mais la vérité, c'est que je n'ai jamais appris à m'aimer, et de ce fait, j'aimais trop les autres, en perdant le contrôle de moi-même.
Je faisais passer mon amour pour eux, avant de prendre soin de moi.
Je donnais tout, et ne prenais plus au sérieux mes humeurs.
Ça m'a fait mal, ça m'a fait mal d'aimer, parce que le plus important est de commencer par s'aimer.
Vivre pour l'autre, être dépendant, c'est signer l'arrêt de son propre bonheur.

Apprends à te rendre heureux seul, pour avoir ce que tu veux, il faut quitter ce que tu ne veux plus, ceux qui te font reculer.
Ce qui se passe devant toi est plus grand, tellement plus important que tout ce qui se cache derrière. Stimule-toi.
Accomplis.

1 mai 2020

À défaut de ne pas savoir qui je suis,
Je peux être qui je veux.

15 mai 2020

Et lorsque j'ai appris à me rendre heureuse seule,
j'ai compris que ce que j'avais ressenti avant n'avait été que des averses, jamais de grandes tempêtes.
J'ai pu me sécher toutes ces larmes, j'ai guéri, j'ai appris.
Tout n'est qu'illusion et destruction jusqu'à temps de prendre conscience que la tristesse n'est qu'une perte de temps.
Une encre qui ne laisse plus le bateau naviguer.
Laissez les vagues vous guider.

29 mai 2020

J'ai compris que le bonheur ne se trouvait pas en cherchant une personne faite pour nous. Puisque nous sommes cette personne. Se trouver, apprendre à se connaitre et s'apprécier à sa juste valeur. Le début d'une nouvelle relation, celle qui dura toute une vie, celle avec nous-même. *Autant s'aimer ?*

1 juin 2020

J'ai décidé qu'aujourd'hui je passerai une bonne journée,
Que demain,
Et tous les autres jours aussi.
Je suis heureuse d'être la personne que je réveille chaque matin,
Prête à semer sa joie de vivre.

14 juin 2020

Après avoir vécu ce que je ne voudrais plus jamais,
J'ai fini par vivre ce que je voudrais pour toujours.

21 juin 2020

Cela aurait fait 1 an aujourd'hui que j'aurai dit oui pour la relation la plus destructrice qui me soit arrivée.
Mais j'ai réussi, je me suis sauvée.
Je me suis relevée d'une chute, d'un tourbillon d'angoisse interminable.
À présent j'ai les pieds sur terre, je vis pour moi,
et tout va mieux,
La vie est si belle sans toi.
Je pensais n'être plus personne si je n'étais plus à tes côtés.
En fin de compte,
je suis la meilleure version de moi-même lorsque je ne fais pas tout pour être irremplaçable aux yeux de quelqu'un qui n'est pas moi.

1 septembre 2020

Il y a des journées comme celle-ci,
Où tout simplement je me sens sale, et dont ma seule envie n'est autre que celle de passer l'éternité sous ma douche.

Sale dans le sens, où aujourd'hui je me suis détestée, j'ai détesté chacune de mes façons de faire les choses, chaque manière de m'exprimer. Je n'ai pas supporté cette enveloppe de mal être qui s'est appropriée mon corps, qui m'a rendu maladroite, impatiente, sur les nerfs, et plus que tout :
fatiguée de mes émotions.

Une douche éternelle dans le sens, où tout ce dont j'ai envie, est de décoller ce masque, faire couler la honte que je ressens, la déception et les idées si néfastes le long de mon corps.
M'enfermer seule, sans plus personne autour de moi à qui faire du mal. Ne plus avoir aucune autre issue que celle d'être nue, silencieuse, et aller chercher dans tous les recoins de ma tête cette jeune fille, douce.

20 septembre 2020

À travers les murs
Au-delà des murmures
Je peux voir tout ce fléau
Entendre chaque sanglot

5 octobre 2020

Je ne suis pas ce genre de fille, qui marque les esprits. Je ne suis pas cette personne, pour qui l'on va se battre, cette personne à qui l'on va s'accrocher.
Je fais partie de ces gens, que l'on oublie aussi vite qu'un coup de vent.
Mais je reste accrochée à l'idée que la vie est encore assez longue, assez pour qu'une personne fasse de moi : *quelqu'un*.

15 octobre 2020

Un jour peut être, quelqu'un me regardera, et remarquera des détails dont moi-même je n'avais pas conscience.
Des détails qui lui feront chavirer son coeur, des éléments me constituant,
Un jour peut être, quelqu'un m'observera, *avec bienveillance*.

20 octobre 2020

Les musiques tristes et le ciel gris ne me rendent plus triste.
Le silence et le vide ne me font plus me remettre en question.
L'absence d'un sentiment amoureux ne me manque pas.
La solitude ne me touche plus.
Je pense être réellement guéri de tout ce qui me mangeait le coeur.
Je crois que je vais mieux, en fait non, j'en suis sure, je vais tellement bien.
Je me sens pour la première fois, en paix avec moi-même et les autres.
Et c'est reposant, de ne plus sentir ses entrailles se crisper de douleurs.

16 novembre 2020

Tu es le seul dont je suis tombée amoureuse.
Pourtant, c'est lui que j'ai préféré aimer.

16 décembre 2020

J'essaie de l'excuser, de lui trouver des raisons, de l'accepter, le comprendre. Je lui accorde tellement de temps en 24h.
J'essaie de l'imaginer de toutes les façons possibles et inimaginables pour ne pas perdre espoir en lui.
J'y pense parfois des heures, à ce que j'ai pu vivre, mais aussi à tout ce que je pourrais vivre.
L'amour, je crois encore en toi, à tout ce que tu suscites.
Tu prends tellement de formes différentes, de grandeur, de place.
J'essaie vraiment de te suivre mais parfois, tu vas trop vite pour moi.
Combien de fois je me suis blessée en m'approchant trop près de toi, de la même manière qu'on s'approche du feu de cheminée pour se réchauffer. L'amour est la seule chose qui puisse faire vibrer un cœur d'une si belle, et unique manière.
Parce que l'amour est aussi la seule chose qui puisse nous unir.
C'est *inexplicablement beau*.

25 décembre 2020

J'ai retrouvé dans ma bibliothèque le livre "Ces amours qui nous font mal" de Patricia Delahaie, et j'avais souligné cette phrase :

« *Plaire n'est qu'un jeu auquel nos âmes romantiques vont se brûler les ailes* ».

Je l'avais sûrement pris pour comprendre l'histoire que je vivais, pour lire des mots que moi je n'arrivais pas à mettre.
Et en une année, c'est impressionnant la manière dont on évolue, et apprend.
Parfois on aime trop, parfois mal, parfois ce sont les autres qui ne nous aiment pas de la bonne façon. Tout simplement parce qu'on ne rencontre pas la bonne personne, au bon moment.
Mais chaque personne arrive dans ta vie pour t'apprendre quelque chose, d'une quelconque manière. Il ne faut jamais regretter, uniquement accepter, apprendre, et avancer.
Même si ce fut la pire personne à tes yeux, remercie la, et si tu avais la sensation que c'était l'amour de ta vie, remercie la aussi, mais surtout, pardonne.
Car le merci te fera accepter, et le pardon te soulagera.
Tant que tu resteras une personne positive, tu attireras du positif.

1 janvier 2021

Ça va aller

9 janvier 2021

Je te déteste

Je déteste la facilité avec laquelle tu as réussi à me charmer.
Je déteste l'évidence à laquelle je me suis accrochée.
Je déteste ton regard si menteur qui me faisait croire être unique.
Je déteste ta façon de me toucher qui fut la plus rassurante que je n'avais jamais ressenti auparavant.
Je déteste tout, absolument tout.
La manière dont on s'est abandonnés, les vérités avouées, les prises de conscience.
Je te déteste, car chaque relation est différente, et que celle-ci était faite pour moi, mais sans toi.
Alors que c'est justement sans toi, que je n'aurai jamais pu la vivre.
Je te déteste car c'est dur de se relever de quelque chose qu'on avait idéalisé.

Bref, je t'aime

12 janvier 2021

C'est parce que je peux voir la lumière du jour,
que je peux marcher, courir, sauter, danser, faire l'amour
C'est parce que je peux chuchoter, parler, chanter, crier,
embrasser
Que je peux apprendre, lire, écouter, admirer, ressentir, sentir,
aimer, rigoler, pleurer.

C'est parce que je peux vivre, que je suis heureuse.

C'est parce que j'ai conscience qu'en un clin d'œil tout peut
basculer,
.Qu'en un claquement de doigt, tout peut disparaître, si ce n'est
moi.

C'est parce que survivre ne doit pas exister,
Que *vivre ne doit pas être une option*.

14 janvier 2021

J'ai froid ce soir,
J'ai été voir si chaque radiateur étaient allumés et ils l'étaient,
Je suis frileuse, mais cette fois c'est particulier, j'en tremble.
Je suis frileuse d'amour,
À force de toujours garder mon sang-froid,
Je me suis glacé le coeur.
Je ne suis pas triste,
J'ai juste un peu froid.
Mais c'est surement parce que cette nuit,
La vie prend toute la couette.

23 janvier 2021

Merci, merci à toi d'avoir mis des mots sur ce que je ressentais, lorsque je n'y arrivais pas. De m'avoir permis de me comprendre.
Merci d'être la seule chose qui supporte chacune de mes humeurs.
Puisque tu as été là dans mes moments de tristesse, de joie, de peine, d'amour, de colère, et d'ennui.
D'être la seule chose qui m'apaise.
À travers toi je ressens tout, mais bien souvent la nostalgie.
Tu me fais voyager à travers les époques et les pays.
Avec toi, c'est tout une histoire de famille.
Grâce à toi, je me sens moins seule, et je me sens forte, lorsqu'il n'y a plus personne pour m'écouter, ni même pour me comprendre.

Alors c'est toi que j'écoute, c'est toi que je comprends,
la musique,
Car tu me le rends si bien.

13 février 2021

Ma vision est d'une lassitude mortelle,
Laissant l'immortalité d'un *vide en moi*.

24 février 2021

L'alarme retentit.
Petit à petit.
Et tout semble disparaître autour de moi.
Les murs deviennent un écoulement de larmes incessant.
Et me voici dehors.
Le sentiment d'être abandonnée alors que c'est moi qui fuit.
Des questions qui deviennent des réponses et des réponses qui deviennent finalement des questions.
Alors, j'avance, puis, je recule.
Elle m'a dit que c'était normal, elle m'a dit qu'après tout ça, qu'après avoir enfoui en moi tant de déni, avoir bu toute la mélancolie de ceux qui m'entouraient, je m'étais perdue, dans une fausse réalité.
Et qu'à présent, me retrouver, deviendrait ma nouvelle quête.
Ma vie est un jeu vidéo, mission par mission, niveau après niveau, je perds des vies, j'en regagne, j'en reperds..
Et finalement, tout ce que je recherche en moi, est la stabilité.

4 mars 2021

Qu'il pleuve ou qu'il fasse beau,
Je veux que chaque parcelle de ma peau le ressente.
Que la pluie ruisselle sur mes courbes.
Et que mes courbes deviennent le coloriage d'un rayon de soleil.
Puisqu'à travers le temps et les saisons je me sens vivre.
Mon corps se doit d'être en harmonie.

18 mars 2021

Te dire je t'aime c'est aussi te confier qu'avec toi, je n'ai plus peur du lendemain.
Que l'avenir paraît moins effrayant, plus simple à affronter.
Que tout semble moins bruyant, et plus apaisant pour s'écouter.
Te dire je t'aime, est une façon de te demander :

« Me choisis tu aussi pour faire de notre avenir un unique moment présent ? »

20 mars 2021

Tu te caches dans l'ombre d'un regard,
La courbure d'un sourire,
Mais regarde-toi,
Souris-toi.

1er avril 2021

Durant bien longtemps, la tristesse guidait mes mots.
Le vide et le poids de chaque émotion se résumaient si facilement.
À présent, le bonheur est plus facile à vivre, mais plus difficile à retranscrire.
Je ne suis plus cette plume s'écrasant sur le papier,
je suis devenue une plume légère, s'envolant au gré du vent.

2 avril 2021

J'ai souvent pensé que pour se trouver soi, il suffisait de trouver quelqu'un.
Mais c'était lorsque je trouvais quelqu'un que je me perdais moi.

2 avril 2021

Rien ne vaut sa compagnie
Sa bienveillance
Son sourire
Rien ne vaut
D'être soi.

3 avril 2021

Ma façon de te dire « je t'aime »
Est plus douce que de te dire « je t'aime »

Cela s'entend par un
« Comment te sens tu aujourd'hui ? »
« Quand partons nous à l'aventure ? »

Ma façon de te dire « je t'aime »
Est plus discrète
Plus sincère
Que de te dire « je t'aime ».

4 avril 2021

Le sacrifice,
C'est ce mot qui fera ressortir vos plus grands moments d'indécisions,
Ce mot qui révèlera votre personne.

À quel point êtes-vous capable ?
À quel prix le voulez-vous ?

5 avril 2021

Il n'y a pas de bon, ou de mauvais choix
Uniquement tes choix
Qui te guident
Petit bout par petit bout

Il n'y a pas d'erreur
Que des leçons.

6 avril 2021

J'ai la peur d'aimer à nouveau
Peur d'accepter qu'une personne puisse me faire mal
Choisir d'aimer quelqu'un
C'est choisir celui qui aura le droit de recueillir tes larmes.

7 avril 2021

Il y a dans cet univers,
Une terre,
Un pays,
Et une maison faite pour elle,
Un jardin fait pour lui,
Une vie faite pour eux.

Il y a dans cette maison une table,
Deux chaises,
Assis l'un en face de l'autre,

Il y a dans cet univers,
Une maison,
Une table où se faire face,
Où déposer son amour dans le regard
De celui fait pour elle
De celui faite pour lui.

8 avril 2021

T'avoir quitté
M'a fait devenir
Celle qu'à présent
Tu rêverais d'avoir
Mais que tu n'auras plus jamais.

Merci de m'avoir fait mal.
De m'avoir rabaissé, et fais perdre confiance en moi.
Je ne vous remercierai jamais assez.
D'avoir fait résonner une infinité de doutes en moi.
De m'avoir faite pencher entre la vie et la mort.
D'avoir été un réel tournant dans cette ancienne vie désormais enterrée.

Un jour je me suis regardée, et je souriais.
Puisque je pouvais sentir l'air frais, avoir le goût du chocolat, la douceur d'un chat, le sourire de ma famille, et la mélodie de chaque musique.
Merci de m'avoir poussé à bout, et permis de rebondir plus forte, plus sage, plus vivante.
Dans la douleur j'ai appris,
Appris à être heureuse.

Printed by Amazon Italia Logistica S.r.l.
Torrazza Piemonte (TO), Italy

31639668R00057